CHRONOLOGIE

DE LA

MAISON DE LASTIC

1853

CHRONOLOGIE

DE LA

MAISON DE LASTIC

CONFORME A L'ARBRE GENEALOGIQUE GENERAL DE CETTE FAMILLE

PORTE DE GUEULE A FASCE D'ARGENT

Date des Mariages. — Noms des Femmes.

1084 Henry de Thierstein. — Aldéarde de Mercœur.
De ce mariage deux fils :
1° Etienne de Thierstein, sire de LASTIC, qui suit.
2° Bayard de LASTIC.

1161 Etienne de LASTIC. — Femme inconnue.
De ce mariage 3 fils :
1° Henri II de LASTIC qui suit.
2° Etienne de LASTIC, chanoine de Brioude.
3° Guillanme de LASTIC, abbé de Pébrac.

1185 Henri II, sire de LASTIC. — Femme inconnue.
De ce mariage 1 fils qui suit.

1121 Hugues de LASTIC. — Ermengarde.
De ce mariage 4 fils et 2 filles.
1° Bompar Ier de LASTIC, qui suit.
2° Guillaume de LASTIC, comte de Brioude, abbé de Saint-André-de-Mégemont, à Clermont.
3° Pierre de LASTIC, chanoine, comte de Brioude, bailli du chapitre, en 1254.
4° Etienne de LASTIC, abbé de Saint-Amable de Riom, en 1285.
5° Louise de LASTIC, mariée au sieur Dalmas de Fontenille.
6° N. de LASTIC, sa vie est inconnue.

1228 Bompar Ier, sire de LASTIC. — Alix de Valeilles.
De ce mariage 1 fils qui suit.

Date des Mariages. Noms des Femmes.

1244 Bompar II, Bertrand, sire de LASTIC. Alde ou Aude d'Aurillac.

De ce mariage 4 fils.

1° Bompar III, Pierre, qui suit.

2° Bertrand Bompar de LASTIC.

3° Guy Bompar, abbé de Saint-Amable de Riom.

4° Guillaume de LASTIC, abbé de Chantoin.

1266 Bompar III, Pierre, sire de LASTIC. Julienne du Bec, dame en partie de Valeilles.

De ce mariage 3 fils et 2 filles.

1° Bompar, Etienne II, qui suit.

2° Bompar, Pierre, chanoine, comte de Brioude.

3° Guy Bompar, vie inconnue.

4° Marquèze de LASTIC, mariée au sieur Turc de Meyronne.

5° Gallienne, mariée au sieur Guillaume de Taillac.

1299 Bompar, Etienne II, chevalier, seigneur de LASTIC. Souveraine de Pierrefort.

De ce mariage 5 fils et une fille.

1° Bompar, Pierre, qui suit.

2° Bayar Bompar.

3° Etienne Bayar Bompar, marié à Béatrix de Castro.

4° Aldebert Bompar, seigneur de la Chaumette.

5° Gilbert Bompar, chanoine, comte de Brioude.

6° Alasie, mariée en 1310 à Dracon de Châteauneuf-du-Drac.

1322 Bompar IV, Pierre, seigneur de LASTIC. Marguerite de Murat, dame de Paulhac.

De ce mariage 2 filles.

1° Catherine, mariée à Raymond de Monstuéjouls.

2° Eléonore, mariée à Louis de Chirac, seigneur de Cassagnol.

En Bompar IV se fit la première interruption dans la ligne directe.

1336 Etienne III, Bompar V, frère de Pierre, continua la lignée. Alix ou Ahélis de Montaigu.

De ce mariage 4 fils.

1° Jean Bompar, qui suit.

2° Bayar Bompar, chevalier de St-Jean-de-Jérusalem, commandeur de la Tourette.

3° Pons Bompar, chevalier de St-Jean-de-Jérusalem, commandeur de Montchamp, maréchal de l'ordre.

4° Dracon de LASTIC, chanoine, prévôt du chapitre de Brioude.

1358 Jean Bompar VI, chevalier-seigneur de LASTIC. Alix de Montsalès, Hélis de Moncelles.
De ce mariage 5 fils.
1° Etienne IV Bompar, qui suit.
2° Bayar, dit Bertrand, tige des seigneurs d'Unzac. *Seigneur d'Unsac.*
3° Autre Etienne Bompar, vie inconnue.
4° Jean Bompar, chevalier de St-Jean-de-Jérusalem, commandeur de Celles, de Montchamp et de Carlat, et enfin grand-maître de l'ordre en 1437.
5° Bérard de LASTIC, damoiseau.

1392 Bompar VII, Etienne, seigneur de LASTIC et de Valeille. Agnès de Taillac.
De ce mariage 5 fils et 3 filles.
1° Draguinet de LASTIC, qui suit.
2° Pons de LASTIC, marié à Michelette de Saint-Nectaire, qui continuera la descendance.
3° Jean, marié à Antoinette de Ambillo, qui forma la branche des LASTIC, seigneurs de Saon. *Branche de Saon.*
4° Guillaume de LASTIC, chevalier de St-Jean-de-Jérusalem, commandeur de Celles, de Montchamp, de Carlat, sénéchal de l'ordre.
5° Autre Jean, religieux de la Chaise-Dieu.
6° Hélis de LASTIC, mariée au seigneur de Crussol.
7° Agnès, religieuse aux Chazes.
8° Gabrielle, mariée à Jean de Murol, seigneur de Moïssat.

1430 Draguinet de LASTIC, seigneur de Lastic et de Valeilles. Gabrielle de Peyrols, dame de St-Juéry.
De ce mariage 2 filles.
1° Gabrielle, mariée à Jacques de Tourzel, baron d'Allègre.
2° Anne, mariée à Léonord de St-Priest.
Dans Draguinet s'éteignit encore la branche directe.

1447 Pons de LASTIC, frère de Draguinet, continua la descendance. Michelette de St-Nectaire.
De ce mariage 4 fils et une fille.
1° Antoine de LASTIC, qui suit.
2° Louis, marié à Anne de la Fayette, qui continuera la descendance.
3° Draguinet-Antoine, chanoine de Valence.
4° Jean Protonotaire, grand-prieur de St-Etienne de Vienne.
5° Marguerite, mariée à Gabriel de Gimel, baron de Sarrau.

1484 Antoine de LASTIC, seigneur de Valeilles, etc. Christine de Montrhodat
De ce mariage une fille.
1° Anne de LASTIC, mariée, en 1499, au seigneur de Saillans.
Dans Antoine s'éteignit une troisième fois la branche directe.

1489 Louis de LASTIC, frère d'Antoine, continua la descendance. Anne de la Fayette.

De ce mariage 10 fils et 2 filles.

1° Jacques de LASTIC, qui suit.

2° Thibaud de LASTIC, marié à Anne d'Ancèzume de Caderousse, qui continuera la descendance.

3° Louis de LASTIC, chevalier de Malte, grand prieur d'Auvergne, maréchal de l'ordre, commandeur de Blandès, de Montchamp, de Salins, de Vaux-France, de Verrière et de Lureuil.

4° Claude de LASTIC, marié à Marguerite de Farges, dame de Sieujac, qui continuera la descendance de Thibaud.

5° Jean-Jacques de LASTIC, marié à Abarbine de Guelle de la Chaumette, qui forma la branche des LASTIC de la Vergnette ou de Vigouroux. Branche de la Vergnette ou de *Vigouroux*.

6° Georges de LASTIC, sans postérité connue.

7° Hector de LASTIC, sans postérité connue.

8° Antoine de LASTIC, chanoine de Saint-Flour.

9° Christophe de LASTIC, postérité inconnue.

10° Philippe de LASTIC, postérité inconnue.

11° Jacquette, abbesse de Mégemont.

12° Jacqueline, mariée au seigneur de Fumel.

1516 Jacques de LASTIC, seigneur de Valeille; il fit en 1529 son testament dans lequel il institua Thibaud son héritier. Sans enfants, en lui finit pour la 4e fois la branche directe. N. de St-Chamarand.

1542 Thibaud de LASTIC, succéda à son frère Jacques. Anne d'Ancèzume de Caderousse.

De ce mariage un fils et une fille.

1° Louis mort sans avoir été marié.

2° Françoise, mariée en première noce à Joseph de Foix, seigneur de Mardogne, en deuxième noce à Jean de la Guiche, et porta dans cette famille la terre de Lastic.

Thibaud laissa de Jeanne Var un fils naturel, nommé Jacques, annobli et légitimé en mai 1618. Jacques épousa Marie d'Apchier en 1616; il fut la souche de la branche des LASTIC de Fournel. Branche des LASTIC de *Fournels*.

En Thibaud s'éteignit pour la 5e fois la branche directe.

Date des Mariages		Noms des Femmes
1537	Claude de LASTIC, seigneur de Sieujeac, succéda à son frère. De ce mariage 3 fils. 1° Jean de LASTIC, qui suit. 2° Jean-Jacques de LASTIC, marié à Gabrielle d'Hérail, dame de Gabriac, auteur de la branche des LASTIC de St-Jal. 3° Antoine, mort jeune.	Marguerite de Farges, dame de Sieujac. Branche des LASTIC de *St-Jal.*
1573	Jean de LASTIC, seigneur de Sieujac. De ce mariage 2 fils et 3 filles. 1° Philibert de LASTIC, qui suit. 2° N. de LASTIC, qui eut un fils abbé de Bredon, qui résigna son bénéfice en faveur de Jean-Antoine, son cousin germain. 3° Jeanne de LASTIC, mariée à Louis du Bourg, seigneur de Saillans. 4° Catherine de LASTIC, vie inconnue. 5° Marguerite de LASTIC, mariée au seigneur Jacques de Sévérac.	Marguerite d'Espinchal.
1620	Philibert de LASTIC, seigneur de Sieujac. De ce mariage 2 fils et deux filles. 1° François de LASTIC, qui suit. 2° Jean-Antoine de LASTIC, prieur de Bredon, qui fit l'acquisition de la vicomté de Murat. 3° Gabrielle de LASTIC, mariée à Louis d'Oradour, seigneur de Sarlan. 4° Autre Gabrielle de LASTIC, religieuse à la Visitation de St-Flour.	Marguerite de Beaufort-Canilhac.
1673	François Ier, seigneur de Sieujac, vicomte de Murat. De ce mariage 2 fils et 2 filles. 1° François de LASTIC, qui suit. 2° Louis Henry, qui succéda dans le prieuré de Bredon à Jean-Antoine, son oncle. 3° Claire, mariée à François de Malras. 4° Marguerite de LASTIC, abbesse de l'abbaye de Sainte-Claire de Clermont.	Louise de Peyrouenc de St-Chamarand.
1706	François II de LASTIC, dit le marquis de Sieujac, vicomte de Murat, fit l'acquisition de Parentignat. Il était baron d'Alleuze et de Saint-Georges, seigneur de Neuvéglise, de la Trémoulière, du Buisson, etc., etc. De ce mariage 3 fils et une fille. 1° François III, qui suit. 2° Antoine de LASTIC, en premier lieu prieur d'Allanche, abbé de	Marie de la Roche-Aymond.

St-Guillen-du-Désert, puis évêque de Comminge, et enfin évêque, comte de Châlons.

3° Charles-Antoine Reynaud de LASTIC, chevalier de Malte, brigadier d'armée.

4° Angélique-Isabelle de LASTIC, mariée à M. de Peyrusse d'Escars, marquis de Montal.

1728 François III de LASTIC, seigneur, etc., et lieutenant-général des armées du Roi, commandeur de l'ordre royal et militaire de St-Louis, et 1er lieutenant des gardes-du-corps. — Hélène Camus de Pont-Carré.

De ce mariage 2 fils et 2 filles.

1° François IV, qui suit.

2° Charles-Henry, mort en bas-âge.

3° Marie-Nicole, abbesse de St-Laurent de Bourges.

4° Jeanne-Antoinette de LASTIC, mariée au comte de Montaignac de Linières.

1755 François IV de LASTIC, seigneur du Broc, Gignac, St-Ivoine, de Béchoux, dit le comte de Lastic, colonel des grenadiers de France, maréchal-de-camp. — Anne Charron de Menars.

De ce mariage 2 fils et une fille.

1° François V, Annet, qui suit.

2° Alexandre Esprit, chevalier de Malte, de minorité.

3° Charlotte-Hélène de LASTIC, mariée à M. le comte de Saisseval.

1779 François V, Annet, seigneur de LASTIC. — Louise-Augustine de Montesquiou-Fazensac.

De ce mariage 2 fils et une fille.

1° Amédée de LASTIC, mort jeune.

2° Augustin de LASTIC, mort enfant.

3° Gertrude-Charlotte-Marguerite-Octavie de LASTIC, mariée en 1807 avec le comte Annet VII, Joseph de LASTIC de Vigouroux.

Dans François V s'éteignit pour la septième fois la branche directe.

1807 Annet VII, Joseph, comte de LASTIC de Vigouroux, inspecteur-général des haras, chevalier de St-Louis, par son mariage avec demoiselle Gertrude-Charlotte-Marguerite-Octavie de LASTIC, continue la descendance des LASTIC, seigneurs de Sieujeac et de Parentignat. — Octavie de Lastic, dame de Parentignat.

De ce mariage 3 fils.

1° Annet VIII, Antoine-François de LASTIC, qui suit.

2° Annet-François Melchior, Harold, comte de LASTIC, marié en 1846 à Mlle Eugénie Besnier, qui forme la branche de Laval. De ce mariage, Jean-Annet-Edmond de LASTIC, et Anne-Françoise-Marie de LASTIC, enfants.

3° Annet-François-Octave vicomte de LASTIC, marié en 1836 avec Mlle Françoise Pothier de Maizeroy. De ce mariàge un fils et une fille.

1° Annet-François-Edouard de LASTIC; 2° Marie-Françoise-Edith de LASTIC, enfants.

1836 Annet VIII Antoine-François, marquis de LASTIC. — Antoinette-Amélie Humblot.

De ce mariage 1 fils qui suit.

Annet IX, François-Alphonse de LASTIC, enfant.

LASTIC DE VIGOUROUX

Seigneurs de la Vergnette, de la Fonthio, d'Auzolles, de Belmur, de Lathérisse, etc.

1526 Jean-Jacques de LASTIC, seigneur, etc., et 5e fils de Louis et d'Anne de La Fayette, fut l'auteur de cette branche. — Abarbine de Guelle de la Chaumette.

De ce mariage un fils et une fille.

1° Jacques de LASTIC qui suit.

2° Jeanne de LASTIC, mariée à M. d'Apchier de Hauteville.

1578 Jacques de LASTIC, seigneur, etc., marié en premières noces à — Antoinette de Julien, dame de Jary.

De ce mariage une fille, Jeanne de LASTIC, mariée à M. de Traverse de Murat.

En secondes noces avec Mlle — Antoinette de Tordes (de Courdes.)

De ce second mariage 2 fils.

1° Annet Ier, seigneur, etc., qui suit.

2° Louis de **LASTIC**, seigneur d'Auzolles, marié à Antoinette de Massebeau. Sans enfants.

1607 Annet Ier, de **LASTIC**, seigneur, etc. Françoise de Berthomier.

De ce mariage 1 fils et 2 filles.

1° Annet II, qui suit.

2° Antoinette, mariée au sieur de Caumeils.

3° Anne de **LASTIC**, mariée au sieur Pierre Chaudesaigues de Tarrieux, seigneur de la Borie.

1638 Annet II de **LASTIC**, seigneur, etc. Marie de la Volpilière.

De ce mariage 5 fils et 4 filles.

1° Annet III, qui suit.

2° François de **LASTIC**, marié à Elisabeth du Rupt, en 1708, auteur de la branche de **LASTIC** établie à Naxos. *Lastic de Naxos.*

3° Jacques de **LASTIC**, célibataire.

4° Guillaume de **LASTIC**, marié à Mlle Marguerite de Bonnafox de Bellinay, en 1714, auteur de la branche des **LASTIC** de Lescure. *Lastic de Lescure.*

5° Louis de **LASTIC**, célibataire.

6° Marie de **LASTIC**, religieuse.

7° Marie-Magdeleine, mariée à M. Pierre de Chaudesaigues.

8° Françoise de **LASTIC**, religieuse.

9° Autre Magdeleine de **LASTIC**, religieuse.

1663 Annet III de **LASTIC**, seigneur, etc. Françoise de Gasquet.

De ce mariage 3 fils et une fille.

1° Annet IV qui suit.

2° Jacques de **LASTIC**, célibataire.

3° François de **LASTIC**, id.

4° Marie de **LASTIC**, religieuse.

1692 Annet IV de **LASTIC**, seigneur, etc. Marie de la Faye.

Il mourut très-jeune, laissant sa femme enceinte.

De ce mariage un fils qui suit.

1720 Annet V de **LASTIC**, seigneur, etc., fils posthume d'Annet IV. Marguerite de Coste.

De ce mariage 9 fils et 5 filles.

1° Annet VI, qui suit.

2° Guillaume de **LASLIC**, capitaine d'une compagnie de grenadiers.

3° François capitaine au régiment d'Auvergne.

4° Jean de LASTIC, célibataire.
5° Autre François de LASTIC, célibataire.
6° Autre Annet de LASTIC, id.
7° Jean-Pierre, Théologal de St-Jean-de-Toulouse.
8° Autre Annet de LASTIC, célibataire.
9° Autre Jean de LASTIC, id.
10° Marie-Marguerite de LASTIC, id.
11° Marthe-Valentine de LASTIC, religieuse à Chaudesaigues.
12° Marguerite de LASTIC, morte jeune.
13° Autre Marthe-Valentine de LASTIC, célibataire.
14° Marie-Marguerite de LASTIC, id.

1742 Annet VI de LASTIC, seigneur, etc., marié en 1re noce avec — **Christophe Colomb.**
Il n'y eut point d'enfants de ce mariage.
1768 Marié en 2e noce avec — **Marie-Pétronille-Magdelaine de Véal Dubleau de Langeac.**
De ce mariage 2 fils et une fille.
1° Annet VII, Joseph de LASTIC, marié à Mlle Gertrude-Charlotte-Marguerite-Octavie de LASTIC de Sieujeac.
Par ce mariage, les branches de Parentignat et de Vigouroux se sont confondues.
(Voir la suite à la tige des Sieujac.)
2° Melchior de LASTIC, célibataire.
3° Marie-Magdeleine de LASTIC, mariée à M. Jean-Raymond, Rancilhac de Chazelles.

BRANCHES DES LASTIC DE VIGOUROUX

LASTIC FIXÉE A NAXOS

1708 François de LASTIC, fils d'Annet II et de Marie de la Volpilière, fut l'auteur de cette branche; il était fixé à Bar-sur-Aube; il se qualifiait de baron de Vigouroux. — **Elisabeth du Rupt.**

De ce mariage 1 fils qui suit.

Date des Mariages.		Noms des Femmes.
1741	Jean-Baptiste de **LASTIC**, baron de Vigouroux, né à Bar-sur-Aube, fut major-général du prince Ragotti; il vint se fixer à Naxos vers 1740. De ce mariage 3 fils et 3 filles. 1° Philippe de **LASTIC** qui suit. 2° Hyacinthe de **LASTIC**, mort jeune. 3° Achille de **LASTIC**, ecclésiastique. 4° N. de **LASTIC**, vie inconnue. 5° N. de **LASTIC**, id. 6° N. de **LASTIC**, id.	Catherine Lorédan.
1763	Philippe Ier de **LASTIC**, baron et gouverneur d'une province russe, mourut dans son gouvernement. De ce mariage 3 fils et 2 filles. 1° Gaspard 1er qui suit. 2° N. de **LASTIC**, mort en bas-âge. 3° N. de **LASTIC**, id. 4° N. de **LASTIC**, célibataire. 5° N. de **LASTIC**, id.	Brêne Alby.
1793	Gaspard 1er, baron de **LASTIC**, consul de France à Naxos. De ce mariage 3 fils et 4 filles. 1° Philippe II qui suit. 2° Jean, mort capitaine d'infanterie au service de France. 3° Autre Jean, conseiller au ministère des affaires étrangères de la Grèce. Les quatre filles ne furent pas mariées.	Marie de Sommerive.
1819	Philippe II de **LASTIC**, consul de France à Naxos. De ce mariage 9 enfants, 4 fils et 5 filles. 1° Gaspard II qui suit. Les huit autres enfants ne sont pas encore mariés, et plusieurs sont en bas âge.	Hélène de Barozzi.
1850	Gaspard II, marié à Mlle	Marie Barozzi.

LASTIC DE LESCURE

(BRANCHE DE VIGOUROUX)

Seigneurs de Lescure, Beaulieu, Bosselet, Liadouze, Le Bousquet, Sainte-Marie, etc.

Date des Mariages		Noms des Femmes
1714	Guillaume de LASTIC, seigneur, etc., 4e fils d'Annet II de LASTIC et de Marie de la Volpilière, fut l'auteur de cette branche. De ce mariage 4 fils. 1° Hugues de LASTIC, qui suit. 2° Pierre de LASTIC, évêque de Rieux, mort au mont Serrat en Espagne, où il avait émigré. 3° N. de LASTIC, capitaine de vaisseau. 4° N. de LASTIC, abbé d'Hauteval, vicaire-général de Rieux, sous l'épiscopat de son frère.	Marguerite de Bonnafox de Bellinay.
1750	Hugues de LASTIC, seigneur et syndic de la noblesse à l'assemblée provinciale d'Auvergne en 1787, exécuté à Paris comme conspirateur de prisons. De son premier mariage il eut deux filles. 1° Suzanne de LASTIC, mariée à M. de Florac. 2° Antoinette de LASTIC, mariée à M. de Pestel de la Majorie.	Marie-Suzanne de Beauclair.
1763	Marié en 2e noce à Dans Hugues s'éteignit la branche des LASTIC, seigneurs de Lescure.	Antoinette de Scorailles.

LASTIC DE SAINT-JAL EN LIMOUSIN

FIXÉS ACTUELLEMENT A POITIERS ET A MONTAUBAN

BRANCHE DES LASTIC DE SIEUJEAC

Seigneurs de Gabriac en Rouergue, de Chamboulive, de Rochegonde, de Beaumont, de Saint-Salvador, de Montbrun, de Combort, de Corrèze, etc.

Date des Mariages		Noms des Femmes
1568	Jean de LASTIC, fils puîné de Claude de LASTIC et de Marguerite de Farges, dame de Sieujeac, fut l'auteur de cette branche. De ce mariage 2 fils. 1° Thibaud de LASTIC, qui suit. 2° Antoine de LASTIC, qui continuera la descendance.	Gabrielle d'Hérail de Gabriac.

1610 Thibaud de LASTIC, seigneur, etc. — Marie de la Rochefoucaud.

Il n'y eut point d'enfants de ce mariage.

1627 Antoine de LASTIC, frère de Thibaud, continua la branche. — Antoinette d'Estresse, dame de St-Jal.

De ce mariage 5 fils et 3 filles.

1° Jean-Jacques qui suit.

2° François de LASTIC.

3° Jean de LASTIC, célibataire.

4° Autre Jean-Jacques, auteur de la branche des LASTIC Saint-Antonin. — *Lastic de St-Antonin.*

5° Gaspard de LASTIC, célibataire.

6° Mathilde.

7° Jeanne.

8° Gabrielle.

1655 Jean-Jacques de LASTIC, seigneur, etc. — Claudine de Bessuéjouls de Roquelaure.

De ce mariage un fils qui suit.

1686 François-Antoine de LASTIC, seigneur, etc. — Louise de Blondeau du Chambon.

De ce mariage 3 fils.

1° Jean-Claude qui suit.

2° Jean-Charles, lieutenant-général des armées du roi, qui continua la descendance, marié à Martine Place, dame de Corrèze.

3° Philippe de LASTIC, évêque d'Uzès, et ensuite de Castres.

1720 Jean-Claude de LASTIC, seigneur, etc. — Marie-Marguerite Bazin de Bezoux.

De ce mariage 2 filles.

1° Louise-Jacqueline de LASTIC, mariée en 1741 à Louis-Gilbert Gaspard de Laqueuille

2° N. de LASTIC, mariée au comte Lasteyrie de Saillans, maréchal-de-camp.

1700 François de LASTIC, fils de Jean-Charles et de Martine Place, dame de Corrèze, continua la branche. — Marie de Pyniot de Puy-Chénir.

De ce mariage 2 fils et 6 filles.

1° Jean-François de LASTIC, qui suit.

2° Louis-Romain de LASTIC, marié à Anne Thoreau de Maisonneuve, qui continuera la descendance.

3° N. de LASTIC, mariée au comte de Beyssac.
Les autres 5 filles n'ont pas été mariées.

1735 Jean-François de LASTIC, seigneur, etc., décédé sans enfants. — Rose de Gentil de Chenelière.

1761 Louis-Romain de LASTIC, seigneur, etc., continua la descendance. — Anne Thoreau de Maisonneuve.
De ce mariage 5 enfants, 3 fils et 2 filles.
1° Jean-François-Charles, qui suit.
2° Autre Jean-François-Charles, mort sans postérité.
3° Louis-Réné de LASTIC, mort sans postérité.
4° N. de LASTIC, mariée à M. Pierre Bouchet de Martigny.
5° Julie de LASTIC, morte célibataire.

1801 Jean-François-Charles de LASTIC, seigneur, etc. — Ursule-Françoise de la Toison Roche-Blanche.
De ce mariage 5 fils.
1° Philippe-Ursule-Charles de LASTIC, qui suit.
2° Pierre-Henri-Alfred de LASTIC, marié à Mlle de Margadel, d'où sont sortis un fils et une fille.
3° Romain de LASTIC Saint-Jal, marié à Mlle Marie-Henriette Hyde de Neuville, d'où il est issu 2 fils.
4° Dominique-Marie, officier, mort en 1831.
5° Gaston de LASTIC, employé dans l'administration des douanes, marié à Mlle Eudoxie Bérardi.

1830 Philippe-Ursule-Charles de LASTIC, seigneur, etc., directeur du haras de Bourbon-Vendée, chevalier de la Légion d'honneur, marié en première noce à Mlle — Mathilde Vieille-Chaise de la Mardière.
De ce mariage un fils, Henri de LASTIC.
1836 Marié en seconde noce avec Mlle — Thérèse de la Mazières.
De ce second mariage 1 fils et 2 filles.
1° Gaston de LASTIC.
2° Jeanne de LASTIC.
3° Thérèse de LASTIC.

LASTIC DE SAINT-ANTONIN

Seigneurs de Saint-Antonin, de Bordes et de Montbrun.

BRANCHE DES LASTIC SAINT-JAL, FIXÉE A MONTAUBAN

1673 Jean-Jacques de LASTIC, seigneur, etc., le 4e fils d'Antoine de LASTIC et d'Antoinette d'Estresse, fut l'auteur de cette branche. Jeanne de Boyer.

De ce mariage 5 enfants, 3 fils et 2 filles.

1o Jean-Jacques qui suit.

2o Jacques de LASTIC, vie inconnue.

3o Claude de LASTIC, id.

4o Marguerite de LASTIC, id.

5o Françoise de LASTIC, mariée à Jean-Raymond, seigneur de la Garde.

1718 Jean-Jacques de LASTIC, seigneur, etc. Marie Chauvreau de Rochefort.

De ce mariage 2 fils et 6 filles.

1o Claude de LASTIC qui suit.

2o Jean-Marie de LASTIC, vicaire-général de Mgr de Bernis, archevêque d'Alby.

3o Anne-Marie-Claudine de LASTIC, religieuse.

4o Les cinq autres filles célibataires.

1767 Claude de LASTIC, seigneur, etc., aide-de-camp du duc d'Aiguillon. Par suite de son mariage, il quitta le Limousin pour venir se fixer en Rouergue, et représenta cette province aux assemblées des Etats de la Haute-Garonne de 1779 à 1786. Henriette de la Capelle Cas.

Il eut de ce mariage 6 enfants, 4 fils et 2 filles.

1o Jean-Henri de LASTIC qui suit.

2o Charles-Honoré, abbé de l'abbaye de Castelnau, chevalier de Malte.

3o Jérôme de LASTIC, chevalier de Malte de minorité, sous-préfet d'Espalion et ensuite de Lectoure; marié, en 1805, à Marie-Augustine-Jenni de Chazelles. Sa postérité va être rapportée.

4o Maximilien de LASTIC, officier d'artillerie, mort à Pavie.

5o Gabrielle de LASTIC, morte célibataire.

6o Caroline, mariée à Henri de Gastebois.

1802 Jean-Henri, comte de LASTIC, inspecteur-général des haras. Charlotte-Caroline de Porte-lance.

De ce mariage 1 fils et une fille.

1° Jean-Charles-Jérôme-Albert, seigneur, etc.

2° Henriette-Charlotte, mariée, en 1817, au comte de Lévezon-de-Vesins.

Descendance de Jérôme, 3° fils de Claude et de Jenni de Chazelles.

1 fils et 2 filles, célibataires.

1842 Louis-Marie de LASTIC, fils de Jérôme. Agnès de Turner.

De ce mariage 1 fils et 2 filles en bas-âge.

1° Harold de LASTIC.

2° Gabrielle de LASTIC.

3° Marie de LASTIC.

LASTIC D'UNSAC

Seigneurs de Ségousac, Boscarat, Lodières, Clemensat et Enval.

BRANCHE DES LASTIC DE SIEUJAC

1392 Bertrand dit Bayard de LASTIC, 2e fils d'Etienne III et d'Ahelis de Moussalès, fut l'auteur de cette branche. Jeanne de Montlaur.

Il eut de son mariage 3 fils.

1° Robert de LASTIC, qui suit.

2° Jean de LASTIC, vie inconnue.

3° Adhémar de LASTIC, chevalier de St-Jean-de-Jérusalem.

1430 Robert de LASTIC, seigneur, etc., rendit hommage au baron de Mercœur, en 1483, pour lesdites seigneuries. Antoinette de Maubec.

De ce mariage 2 fils et une fille.

1° Barthélemy de LASTIC, qui céda son droit d'aînesse à son frère Hector.

2° Hector de LASTIC qui suit.

3° Marguerite de LASTIC, mariée en 1487 à Claude de LASTIC, chevalier.

1487 Hector de LASTIC, chevalier, seigneur, etc. Germaine d'Espagne.

Il n'eut point d'enfants de ce mariage.

Hector avait eu avant son mariage une fille naturelle, mariée, en 1512, à Louis d'Apchier, seigneur de Brossadol.

LASTIC DE FOURNEL ET DE ROCHEGONDE

Seigneur de Fournel, marquis de Rochegonde, baron de Lodières, seigneur de Faverolles, de la Bastide, de Nolliac et de la Vacherie

Date des Mariages.		Noms des Femmes.
1616	Jacques de LASTIC, capitaine de cent arquebusiers, fils naturel de Thibaud de LASTIC et de Jeanne Var, son amie, fut l'auteur de cette branche. Il fut annobli et légitimé par le Roi, après le siége de la Rochelle, par lettres du mois de mai 1618, en considération des services rendus à l'Etat. De ce mariage 4 fils. 1° Philibert de LASTIC, seigneur de Fournel, qui suit. 2° Charles de LASTIC, postérité inconnue. 3° Louis de LASTIC, prieur et seigneur d'Albaret. 4° Autre Philibert de LASTIC, auteur de la branche de Rochegonde.	Marie d'Apchier d'Hauteville, dame de Fournel.
1644	Philibert de LASTIC, seigneur de Fournel, baron de Lodières, seigneur de Faverolles, de Nolliac et de la Vacherie, gentilhomme ordinaire de la chambre du Roi, et commissionné pour le Tour des Etats de Languedoc, eut ses lettres d'anoblissement confirmées au mois de mai 1656. De ce mariage 4 fils. 1° Florimond de LASTIC, qui suit. 2° César de LASTIC, prieur de Saint-Antoine. 3° Charles de LASTIC, mort au service. 4° Pierre de LASTIC, vie inconnue.	Louise de Toulet.

1673 Florimond de LASTIC, seigneur, etc. — N. de Cornuel.
De ce mariage 1 fils.
André de LASTIC qui suit.

1701 André de LASTIC, seigneur, etc. — N. de Bonnier.
Sans enfants.
Dans André s'éteignit la branche directe de Fournel.

1738 Hyacinthe de LASTIC, fils de Joseph 1er et de Philiberte de Béral, vint reprendre la branche aînée. — Marie-Simone de Larochefoucauld Langeac.
De ce mariage un fils qui suit.

1768 Jean-Antoine de LASTIC, seigneur de Fournel et d'Allanche, maréchal-de-camp. — Marie-Simone-Sophie de la Garde de Chambonnas.
De ce mariage 2 filles.
1° Marie-Madeleine-Louise-Amélie de LASTIC, mariée, le 4 fructidor, an VIII (23 avril 1799), avec le comte Geraud-Pierre-Christophe de Michel Duroc de Brion.
2° Marie-Simone-Agathe de LASTIC, morte en bas-âge.
Dans Mme de Brion s'est éteinte pour la seconde fois la branche des LASTIC de Fournel.

LASTIC DE ROCHEGONDE

PREMIÈRE BRANCHE DES LASTIC DE FOURNEL

1654 Philibert de LASTIC, seigneur de Rochegonde et de la Bastide, quatrième fils de Jacques et de Marie d'Apchier, fut l'auteur de cette branche. — Marie Dumas.
De ce mariage 4 fils et 2 filles.
1° Joseph de LASTIC qui suit.
2° Hyacinthe de LASTIC, mort célibataire.
3° Autre Joseph de LASTIC, marié à Marguerite de Pontaut, auteur de la seconde branche.
4° Alexandre de LASTIC, mort enfant.
5° Cécile de LASTIC, mariée, en 1680, à Jacques Bardon de Genillat.
6° Marie de LASTIC, morte célibataire.

1683 Joseph de LASTIC, premier du nom, seigneur, etc. — Philiberte de Béral.

De ce mariage 4 fils et une fille.

1° Hyacinthe de **LASTIC**, marié à Simone de Larochefoucauld, qui reprit la branche de Fournel.

2° Louis de **LASTIC** qui suit.

3° Antoine de **LASTIC**, vie inconnue.

4° Pierre de **LASTIC**, marié à Antoinette Imbert. Postérité inconnue.

5° Jeanne de **LASTIC**, mariée à Louis d'Anteroche.

1723 Louis de **LASTIC**, seigneur, etc. — Jeanne Isnard.

Sans enfants.

Dans Louis s'éteignit la première branche.

SECONDE BRANCHE

1650 Joseph de **LASTIC**, deuxième du nom, fils de Philibert et de Marie Dumas, fut l'auteur de cette branche. — Marguerite de Pontaut.

De ce mariage 2 fils.

1° François de **LASTIC** qui suit.

2° Jacques de **LASTIC**, marié à Jeanne-de-la-Porte, auteur de la quatrième branche.

1739 François de **LASTIC**. — Jeanne Cusset du Moulin-de l'Arbre, dame de la Fage.

De ce mariage 2 fils et 3 filles.

1° Claude de **LASTIC** qui suit.

2° Durand de **LASTIC**.

3° Marguerite de **LASTIC**, célibataire.

4° Jeanne de **LASTIC**, célibataire.

5° Catherine de **LASTIC**, célibataire.

1761 Claude de **LASTIC** fut marié trois fois. — Elisabeth Aubar

De ce mariage un fils.

Pierre qui suit.

1769 En secondes noces. — Suzanne Trémolière de Chaudesaigues.

De ce mariage 3 fils.

1° Claude de **LASTIC**, sans enfants.

2° Jean de **LASTIC**, marié à Ursule de Langlumé; ils eurent un fils nommé Camille, mort célibataire à Bombay, capitaine du long cours.

3° Antoine de **LASTIC**, marié à Marie-Juny de Longa Verneuil, auteur de la troisième branche.

Date des Mariages		Noms des Femmes
1785	Troisièmes noces.	Jeanne Chastel de la Beissière.
	De ce mariage un fils.	
	Etienne, mort célibataire.	
	Pierre, fils du premier lit de Claude et d'Elisabeth Aubac, fut marié deux fois.	Marguerite Chancel.
	Du premier mariage un fils et 3 filles.	
	1° Etienne de LASTIC, mort célibataire	
	2° Elisabeth de LASTIC, morte célibataire.	
	3° Marie de LASTIC, morte célibataire.	
	4° Catherine de LASTIC, morte célibataire.	
	Second lit.	Agnès Felgère.
	de ce second mariage un fils.	
	Jacques de LASTIC, sans enfants.	
	Dans Etienne de LASTIC, fils du premier lit de Pierre et de Marguerite Chancel fut éteinte la seconde branche.	

TROISIÈME BRANCHE

Date des Mariages		Noms des Femmes
1805	Antoine de LASTIC, fils de Claude et de Suzanne Trémolière de Chaudesaigues, fut l'auteur de cette branche.	Marie-Juny de Longa Verneuil.
	De ce mariage 3 fils et 3 filles.	
	1° Alfred-Louis-Guillaume de LASTIC qui suit.	
	2° Georges de LASTIC, mort célibataire.	
	3° Louis de LASTIC, mort en bas-âge.	
	4° Marie de LASTIC, morte en bas-âge.	
	5° Nelly de LASTIC, morte célibataire.	
	6° Olympe de LASTIC, morte célibataire.	
1840	Alfred-Louis-Guillaume de LASTIC, capitaine de frégate, ancien aide-de-camp du ministre de la marine, chevalier de la Légion d'honneur.	Jeanne Elisabeth de Gaulne.

QUATRIÈME BRANCHE

Date des Mariages		Noms des Femmes
1655	Jacques de LASTIC, second fils de Joseph II et de Marguerite de Pontaut, fut l'auteur de cette branche.	De Laporte, Jeanne.
	De ce mariage un fils qui suit.	

Joseph de **LASTIC**, mort célibataire.

Dans Joseph s'éteignit la quatrième branche.

LASTIC DE SAON, EN DAUPHINÉ

Seigneurs de Saon et d'Ure.

1434 Jean de **LASTIC**, grand pannetier de France et sénéchal du Poitou, troisième fils d'Etienne VII Bompar et d'Agnès de Taillac, fut l'auteur de cette branche. — Antoinette de Ambillo.

De ce mariage 3 fils.

1° Jean de **LASTIC** qui suit.

2° Etienne de **LASTIC**, chanoine, comte de Lyon.

3° Gabriel de **LASTIC**, aussi chanoine, comte de Lyon.

1469 Jean de **LASTIC**, archer de la garde du Roi. — Alix de Lantelme d'Ure, dame de Saon.

De ce mariage un fils qui suit.

1495 Jean de **LASTIC**, seigneur, etc. — Jeanne de Puy-Gros (Podio-Grosso.)

De ce mariage 2 fils et une fille.

1° Honorat de **LASTIC** qui suit.

2° Annet de **LASTIC**, homme d'armes des ordonnances du Roi, sous le seigneur de Créqui.

3° Blanche de **LASTIC**, vie inconnue.

1523 Honorat de **LASTIC**, seigneur, etc. — Benoite de Meyrie.

De ce mariage 4 fils.

1° Jacques de **LASTIC** qui suit.

2° Adrien de **LASTIC**, comte de Lyon.

3° Guillaume de **LASTIC**, cornette de la compagnie des gens de guerre de M. d'Estresse.

4° Edme de **LASTIC**, archer de la compagnie de cinquante hommes d'armes de M. de Suze.

Date des Mariages.		Noms des Femmes.
1558	Jacques de LASTIC, écuyer, seigneur, etc., épousa en première noce dont il n'eut qu'un fils, Salomon, mort jeune.	Jeanne de St-Feriol.
1571	Jacques épousa en secondes noces De ce second mariage un fils et 3 filles. 1° Raymond de LASTIC qui suit. 2° Charlotte de LASTIC, célibataire. 3° Luce de LASTIC, vie inconnue. 4° Judith de LASTIC, id.	Agnès de Montagu.
1589	Raymond de LASTIC, seigneur, etc., était de la religion prétendue réformée, ainsi que sa femme, et l'un des chefs des protestants en Dauphiné. Henry IV, roi de France, fut l'un des témoins. De ce mariage un fils qui suit.	Françoise de Chaffin de Vaulnarès.
1624	Gaspard Ier de LASTIC, seigneur, etc. De ce mariage un fils qui suit, et une fille morte célibataire.	Marie de Durand.
1655	Gaspard II de LASTIC, seigneur, etc. De ce mariage une fille, mariée à Joseph-Pierre-Louis de Blain de Marsel, marquis du Poët. En Gaspard s'éteignit la branche de Saon.	Lucrèce d'Arbalétrier.

Cette Chronologie a été dressée sur les arbres généalogiques, les preuves faites à la chambre du Roi à différentes époques, le *Nobiliaire d'Auvergne* par M. Bouillet, les actes authentiques et les contrats de mariage existant dans les archives de la famille.

Par le soussigné, ancien capitaine d'état-major, chevalier de la Légion d'honneur et d'Isabelle-la-Catholique, membre du comité de publication de la Statistique historique du Cantal.

A Clermont, le 1er mars 1853. P. DE CHAZELLES.

Typographie d'Isidore Vidal, libraire à Saint-Flour, place d'Armes. — 1856.

www.ingramcontent.com/pod-product-compliance
Lightning Source LLC
LaVergne TN
LVHW010253230826
846091LV00007B/2952

* 9 7 8 2 0 1 2 8 6 9 1 1 0 *